UNE
GUIRLANDE A MARIE

CHANTS
A LA SAINTE VIERGE

POUR SON MOIS ET SES FÊTES

approuvés par Sa Grandeur Mgr **LYONNET**

Évêque de Valence

PAR

l'abbé E. A. GIÉLY, aumônier de la Trinité

(maison-mère)

— PRIX : 60 CENT. —

VALENCE
CHEZ L'AUTEUR, RUE SAINT-FÉLIX, 12

1864

UNE

GUIRLANDE A MARIE

CHANTS

A LA SAINTE VIERGE.

PROPRIÉTÉ DE L'AUTEUR.

IMPRIMERIE CHENEVIER ET CHAVET
A VALENCE.

UNE
GUIRLANDE A MARIE

CHANTS
A LA SAINTE VIERGE

POUR SON MOIS ET SES FÊTES

approuvés par Sa Grandeur Mgr **LYONNET**

Évêque de Valence

.PAR

l'abbé E. A. GIÉLY, aumônier de la Trinité

(maison-mère)

— PRIX : 60 CENT. —

VALENCE

CHEZ L'AUTEUR, RUE SAINT-FÉLIX, 12

—

1864

APPROBATION

de

Mgr LYONNET, Evêque de Valence.

———◦◇◦———

Mon cher Aumônier,

Je viens de lire avec le plus vif intérêt les nouvelles
Poésies que vous allez publier en l'honneur de la
Sainte Vierge. Que de grâce, de parfums, de fraîcheur
on y trouve ! Elles méritent bien le titre que vous
leur donnez : jamais *Guirlande* ne fut composée de
plus belles fleurs ! On aime à voir leur riante parure
et à respirer leur suave odeur.

Avec ces caractères, je ne doute pas, mon cher
Aumônier, que le public ne leur fasse, comme à leurs
sœurs aînées, le meilleur accueil.

Tout à vous en N. S. et en Celle qui vous a inspiré
de si pieux cantiques.

† J. P. Evêque de Valence.

Le 8 novembre 1863.

AUX

ENFANTS DE MARIE.

A vous, enfants dévoués de MARIE de sa grande
famille française; à vous qu'anime un même zèle
pour son culte et l'éclat de ses douces solennités; à
vous cette *Guirlande*, œuvre pieuse et fraternelle,
où la poésie, la musique et le dessin s'unissent pour
la glorifier !

Nous lui avons déjà consacré plusieurs chants,
réunis ou séparés, parmi lesquels les *Echos de l'Ame
pieuse* et la *Couronne à notre Mère* tiennent le premier rang. Mais, comme ces chants, publiés avec
accompagnement d'orgue, s'adressent surtout aux
musiciens exercés, nous avons voulu, sur la demande
de nos confrères et au profit d'une bonne œuvre,
offrir à toutes les voix, à tous les chœurs de musique
sacrée des moindres paroisses, des cantiques pieux,
faciles, harmonieux, variés pour toutes les circons-
tances du culte de MARIE.

Pour faciliter à toutes les bourses l'acquisition de
ce nouveau recueil, nous y avons supprimé l'accompagnement d'orgue, le plus souvent inutile dans les
paroisses rurales. Mais l'harmonie des voix y est
toujours complète dans les chœurs, arrangés de

manière à se passer facilement d'un instrument d'accompagnement.

A vrai dire, nous n'aimons pas ces éditions mesquines, où les chants sont mutilés par la suppression de l'harmonie. Réduits à une seule partie, ils n'offrent plus qu'un *solo* prolongé et nécessairement monotone, malgré tous les mérites de la mélodie. C'est moins la popularisation que l'appauvrissement de l'art.

Nous pouvons le dire, car nous en avons fait l'expérience, on peut, avec du dévouement et de l'exercice, faire exécuter partout les cantiques de cette *Guirlande* tels qu'ils sont écrits. Dans les cas exceptionnels de pauvreté et d'impuissance, on pourra se contenter de la mélodie.

Heureux de trouver à côté de nous un artiste lithographe dont le bon goût égale l'intelligence, il nous a été facile d'obtenir une édition remarquablement belle, véritablement *illustrée*. Les fleurs vont bien à MARIE, *Fleur immaculée de Jessé, Lis de la terre* et *Rose du ciel*. Les fleurs abondent dans son parterre, et l'Eglise, dans son amour pour Elle, les lui jette à pleines mains : témoin ce magnifique *Office de l'Immaculée Conception* que Pie IX, son bien-aimé Pontife, vient de lui offrir comme une poétique couronne.

Voilà ce que nous voulions vous dire, à vous enfants de MARIE, sur cette humble *Guirlande*, qui, pour remplir sa mission, doit passer par vos mains; et c'est pour atteindre plus sûrement ce but que nous avons livré à l'impression ce petit volume, qui, débarrassé de la musique, inutile au plus grand nombre, rendra accessible à tous notre nouvel hommage à la Reine du ciel.

Et maintenant, allez, petites fleurs de MARIE, allez, modestement entrelacées, vous épanouir dans ses temples et parfumer ses autels! J'ai demandé pour vous la bénédiction de son regard. Plaidez devant cette Reine de miséricorde la cause du pécheur, la cause de la France, la cause du monde! Allez, et que vos parfums montent vers son Cœur comme une prière ardente, un élan d'amour!

L'AUTEUR.

Valence, le 8 décembre 1863,
fête bien-aimée de l'Immaculée Conception.

HOMMAGE A MARIE.

Ma Mère,
Si chère,
Reçois
Et vois
Ces roses,
Écloses
Chez moi,
Pour toi.

Je donne
Couronne
Et frais
Bouquets,
Guirlandes,
Offrandes
En fleur
Du cœur.

MARIE
Chérie,
A toi
Ma foi
S'engage,
Hommage
D'amour !
Retour !

La terre
Amère,
Exil...
Péril...
Regarde !
Oh ! garde
Toujours
Mes jours !

J'implore
Encore
Ton Cœur
Vainqueur
Pour d'autres
Apôtres,
Soutiens
Des tiens !

O Mère
Tant chère,
Bénis
Tes fils,
Et donne,
Si bonne,
Un jour
Séjour
Et place,
De grâce,
Pour eux
Aux cieux !

UNE

GUIRLANDE A MARIE.

―∘∘⁙∘⁙∘⁙∘∘―

N.º 1

BÉNISSEZ-NOUS !

―――

1

A l'aurore du plus beau mois,
Nous voici devant vous, MARIE ;
Nous vous offrons les fleurs des bois
Et les gazons de la prairie.

CHŒUR.

Vous nous voyez à vos genoux,
Nous, vos enfants de cette terre ;
Mère de Dieu, bénissez-nous !
Vous êtes notre bonne Mère !

2

Vous êtes la Fleur de Jessé,
L'honneur d'une tige flétrie ;
L'espoir du voyageur lassé
Qui soupire après sa patrie.

3

Vous êtes la Rose du Ciel,
Cueillie aux jardins de la terre ;
Rose au calice plein de miel
Que l'ange contemple et révère.

4

Vous êtes le canal béni
Des eaux de la grâce divine ;
De vos faveurs nul n'est banni.
Quand devant vous, humble, il s'incline.

5

Vous êtes notre douce Esther,
Pour conjurer le Roi de gloire ;
Brisez les complots de l'enfer
Et de nos vœux gardez mémoire !

6

Vous êtes l'abri des pécheurs
Contre le bras de la Justice ;
Vous êtes la Reine des cœurs
Et leur douce Médiatrice.

7

Bénissez nos coteaux en fleur,
Et nos troupeaux et nos campagnes,
Vous la Bergère du Sauveur
Qu'on implore sur nos montagnes.

8

Bénissez nos vertes moissons
Dont les flots roulent dans la plaine;
Du vent qui sème les glaçons
Retenez la mortelle haleine.

9

Calmez les flots, calmez les airs,
Vous du printemps aimable Reine;
Prêtez l'oreille aux doux concerts
Dont pour vous la nature est pleine.

10

Bénissez nos champs et nos cœurs!
Bénissez la France, ô MARIE!
Donnez à vos enfants vainqueurs
La gloire d'une autre patrie!

N.º 2

REÇOIS TES ENFANTS!

Paroles de M. l'abbé J. SOUCHIER.

CHŒUR.

Avec les fleurs de la prairie,
Nous t'offrons les fleurs du coteau.
A tes genoux, Vierge MARIE,
Reçois tes enfants du hameau!
Le lis si pur qui vient d'éclore
Embaume déjà ton autel;
Tu veux des cœurs plus purs encore
Pour te bénir un jour au ciel!

1

Divine Mère,
Ton sanctuaire
S'ouvre pour nous!
Fais-moi comprendre
Ta voix si tendre;
Je veux l'entendre
A tes genoux.

2

Ton bras se lève
Contre le glaive
Qui va punir,
Et la victime
Venge son crime
Par un abime
De repentir.

3

Ton cœur de Mère
Sur le Calvaire
S'est immolé ;
Tu rends la vie
Au cœur qui prie,
Et sa patrie
A l'exilé.

4

Comme un symbole,
Ton Cœur console
Les cœurs fervents :
Que ta puissance
Soit la défense
Et l'espérance
De tes enfants !

5

Ta voix si pure,
C'est le murmure
Du clair ruisseau,
Quand, fugitive,
L'âme captive
Touche à la rive
D'un ciel plus beau.

6

Mère que j'aime,
Au jour suprême,
Protége-moi!
Dieu, qui pardonne,
Tient ma couronne;
Mais qui la donne
Au ciel? c'est toi!

N.º 3

A TOI CES CHANTS !

___

1

A toi, Vierge Mère,
Honneur de la terre,
Ces chants et ces fleurs !
A ta douce image,
Ce joyeux hommage
Des voix et des cœurs !

2

La lyre des anges
Redit tes louanges
En divins accords ;
Aux concerts célestes
Joignons, bien modestes,
Nos pieux transports !

3

Vois ces fraîches roses,
Nouvelles écloses
Dans ton mois si beau ;
Reine de la terre,
Reçois du parterre
Le tribut nouveau !

4

A toi nos offrandes,
Bouquets et guirlandes
Du joyeux printemps !
O Vierge, regarde !
Et dans ton cœur garde
Nos cœurs inconstants !

5

A tes pieds, ma Mère,
La rose éphémère
Verse son encens :
Tes parfums, MARIE,
Rose au ciel fleurie,
Sont plus ravissants !

6

Vers toi, de la terre,
Montent la prière,
Les vœux et les chants;
Que des cieux descende,
Vierge, ton offrande
Et tes soins touchants!

7

Ton doux sanctuaire
Unit, tendre Mère,
Tes enfants joyeux;
O Sainte Patronne,
Fais une couronne
De nos cœurs aux cieux!

N.º 4

VENEZ A MON SECOURS!

———

1

Dans les sentiers du monde,
Si je voulais marcher,
Si de sa coupe immonde
Je voulais m'approcher.
O Vierge tutélaire,
Arrêtez-moi toujours !
Dans ce danger, ma Mère,
Venez à mon secours !

CHŒUR.

O Vierge tutélaire,
Arrêtez-moi toujours !
Dans ce danger, ma Mère,
Venez à mon secours !

2

Si, sur la voie étroite,
Mon pied las chancelait;
A ma gauche, à ma droite,
Si le terrain croulait,
O Vierge tutélaire,
A vous j'aurais recours!
Dans ce danger, ma Mère,
Venez à mon secours!

3

Si le serpent perfide
Me tramait des malheurs;
Si sa tête livide
Se cachait sous des fleurs,
O Vierge tutélaire,
A vous j'aurais recours!
Dans ce danger, ô Mère,
Venez à mon secours!

4

Si le nuage sombre
Me dérobait les cieux;
Si mon sentier dans l'ombre
Se voilait à mes yeux,

O Vierge tutélaire,
A vous j'aurais recours !
Dans ce danger, ma Mère,
Venez à mon secours !

5

Si la douce espérance
Me cachait son flambeau ;
Si la pâle souffrance
Me montrait un tombeau,
O Vierge tutélaire,
A vous j'aurais recours !
Dans ce danger, ma Mère,
Venez à mon secours !

6

Si ma faiblesse étrange
N'osait plus avancer ;
Si mon pied dans la fange
Allait soudain glisser,
O Vierge tutélaire,
A vous j'aurais recours !
Dans ce danger, ma Mère,
Venez à mon secours !

7

Près de moi, si l'orage
Mugissait en fureur ;
Si des coups de sa rage
J'éprouvais la terreur,
O Vierge tutélaire,
A vous j'aurais recours !
Dans ce danger, ò Mère,
Venez à mon secours !

N.º 5

L'ESPOIR DES PÉCHEURS.

Paroles de S.ʳ M. R., Religieuse Trinitaire.

1

A votre autel, douce Vierge MARIE,
Je viens chercher un appui pour mon cœur.
N'êtes-vous pas du pécheur qui vous prie
Le doux refuge et l'abri protecteur ?
Prêtez l'oreille à notre humble prière ;
Rendez la vie et la paix à nos cœurs !
O Vierge, encor montrez-vous notre Mère
Et le refuge et l'espoir des pécheurs !

CHŒUR.

O Vierge, encor montrez-vous notre Mère
Et le refuge et l'espoir des pécheurs !

2

Ah ! loin de Dieu, seul bonheur, bien suprême,
Tout est mensonge et délire et malheur.....
A ce Dieu bon ramenez-moi vous-même,
Et de mon âme offrez-lui la douleur !

Prêtez l'oreille à notre humble prière ;
Rendez la vie et la paix à nos cœurs !
O Vierge, encor montrez-vous notre Mère
Et le refuge et l'espoir des pécheurs !

3

Céleste Mère, ô Vierge toujours pure,
Vous qui des lis surpassez la blancheur,
D'un doux regard effacez la souillure
Que le péché répandit sur mon cœur.
Prêtez l'oreille à notre humble prière ;
Rendez la vie et la paix à nos cœurs !
O Vierge, encor montrez-vous notre Mère
Et le refuge et l'espoir des pécheurs !

4

De mes écarts oubliez la folie ;
Mon cœur brisé vous demande la paix.
Par votre main que mon âme embellie
De vos vertus retrace quelques traits.
Prêtez l'oreille à notre humble prière ;
Rendez la vie et la paix à nos cœurs !
O Vierge, encor montrez-vous notre Mère
Et le refuge et l'espoir des pécheurs !

5

Vous toujours bonne, aimable et douce Mère,
N'avez-vous pas le remède à mes maux ?

Ah ! dans ce cœur qu'abreuva l'onde amère,
Versez des cieux les ineffables eaux !
Prêtez l'oreille à notre humble prière ;
Rendez la vie et la paix à nos cœurs !
O Vierge, encor montrez-vous notre Mère
Et le refuge et l'espoir des pécheurs !

6

Vous du Très-Haut la fille bien-aimée,
Vous qu'il se plut à combler de faveurs,
Rendez l'espoir à la terre alarmée,
Et détournez son glaive des pécheurs !
Prêtez l'oreille à notre humble prière ;
Rendez la vie et la paix à nos cœurs !
O Vierge, encor montrez-vous notre Mère
Et le refuge et l'espoir des pécheurs !

7

Vierge, voyez mes soupirs et mes larmes ;
A ma faiblesse accordez bon secours !
Contre le monde et ses funestes charmes,
Protégez-moi, protégez-moi toujours !
Prêtez l'oreille à notre humble prière ;
Rendez la vie et la paix à nos cœurs !
O Vierge, encor montrez-vous notre Mère
Et le refuge et l'espoir des pécheurs !

8

Vous que partout le voyageur implore ,
Guidez mes pas sur le chemin des cieux !
Sans votre appui , mon inconstance encore
M'éloignerait du sentier précieux.
Prêtez l'oreille à notre humble prière :
Rendez la vie et la paix à nos cœurs !
O Vierge, encor montrez-vous·notre Mère
Et le refuge et l'espoir des pécheurs !

9

Port assuré sur l'océan du monde,
Défendez-moi de l'orage en fureur ;
Et, sous mes pieds, de cette mer immonde
Fermez encor les gouffres pleins d'horreur !
Prêtez l'oreille à notre humble prière ;
Rendez la vie et la paix à nos cœurs !
O Vierge, encor montrez-vous notre Mère
Et le refuge et l'espoir des pécheurs !

N.° 6

GLOIRE AU CŒUR DE MARIE!

1

Au saint Cœur de MARIE offrons ce tendre hommage;
Dans nos pieux concerts, célébrons ses grandeurs!
Il est du Sacré Cœur la plus fidèle image
Et pour nous le canal des célestes faveurs.

CHŒUR.

Gloire au Cœur de MARIE!
Gloire, gloire à jamais!
Que la terre attendrie
Célèbre sa splendeur, exalte ses bienfaits!

2

C'est le temple embaumé de la Trinité sainte :
Le Père, en le créant, y fixa son séjour;
Le Fils de sa splendeur en éclaira l'enceinte;
L'Esprit-Saint l'embrasa de ses flammes d'amour.

3

O Cœur immaculé, que j'aime ta couronne !
Diadéme de fleurs, au plus suave encens.....
De tes roses, des lis dont l'éclat t'environne
Ne respirons-nous pas les parfums ravissants ?

4

Jamais le vieux serpent, de son haleine immonde,
De ces lis immortels n'a terni la blancheur ;
Ils brillent à nos yeux, ils brillent sur le monde,
Symbole bien-aimé de grâce et de candeur !

5

Adam, réjouis-toi ! la Vierge Immaculée
De ta race flétrie a rétabli l'honneur ;
Et toi, mère coupable, Eve, sois consolée !
MARIE à tes enfants a rendu le bonheur.

6

Vierge que le Très-Haut fit Reine de clémence ;
Mère que le Sauveur nous donna pour bénir,
Pour tes enfants d'exil, dans ta tendresse immense,
N'as-tu pas demandé les beaux jours d'avenir ?

7

Vois le torrent du mal débordé sur la terre ;
Vois les peuples courbés sous le joug de Satan !
Montre encor de ton bras la force salutaire :
L'Eglise te supplie et l'univers attend.

8

L'Eglise, de ton Cœur a fait briller la gloire ;
L'Eglise, dans ses chants, proclame tes grandeurs ;
Sur l'enfer déchaîné donne-lui la victoire,
Et que Jésus, par toi, règne dans tous les cœurs !

N.º 7

PRIEZ POUR NOUS, PAUVRES PÉCHEURS !

1

Salut à vous, Vierge MARIE,
Pleine de grâce et de vertus !
Par le péché jamais flétrie,
Ah ! quels hommages vous sont dus !
Mère de Dieu, vous notre Mère,
Ecoutez le cri de nos cœurs !
Maintenant, à l'heure dernière,
Priez pour nous, pauvres pécheurs !

CHŒUR.

Maintenant, à l'heure dernière,
Priez pour nous, pauvres pécheurs !

2

Toujours, ô Vierge Immaculée,
Le Dieu très-saint fut avec vous ;
Combien vous fûtes consolée
De voir son Fils sur vos genoux !

Mère de Dieu, vous notre Mère,
Ecoutez le cri de nos cœurs !
Maintenant, à l'heure dernière,
Priez pour nous, pauvres pécheurs !

3

Vous êtes la Mère admirable :
Le Roi des cieux est votre enfant,
Et dans sa gloire inénarrable,
Vous le contemplez triomphant !
Mère de Dieu, vous notre Mère,
Ecoutez le cri de nos cœurs !
Maintenant, à l'heure dernière,
Priez pour nous, pauvres pécheurs !

4

Soyez bénie entre les femmes,
O vous leur gloire et leur honneur !
Vous le miroir des pures âmes,
Et de Jessé la belle fleur !
Mère de Dieu, vous notre Mère,
Ecoutez le cri de nos cœurs !
Maintenant, à l'heure dernière,
Priez pour nous, pauvres pécheurs !

5

Vous êtes notre nouvelle Eve,
La Mère de grâce et d'amour ;
Par vous notre bonheur s'achève,
En cet exil, au ciel un jour !
Mère de Dieu, vous notre Mère,
Entendez le cri de nos cœurs !
Maintenant, à l'heure dernière,
Priez pour nous, pauvres pécheurs !

6

Qu'il soit béni, de vos entrailles,
Jésus l'incomparable fruit !
Qu'il fasse enfin les funérailles
Du triste empire de la nuit !
Mère de Dieu, vous notre Mère,
Ecoutez le cri de nos cœurs !
Maintenant, à l'heure dernière,
Priez pour nous, pauvres pécheurs !

N.º 8

DÉFENDEZ VOS ENFANTS !

1

A vos pieds, ô MARIE !
Nous venons pleins d'espoir ;
Mère tendre et chérie,
Daignez nous recevoir !
O'Vierge tutélaire,
Aux regards consolants,
Dans votre sanctuaire
Accueillez vos enfants !

2

Votre image céleste
Sourit à notre amour ;
Votre doux Cœur nous reste
Au terrestre séjour.
O Vierge tutélaire,
Aux charmes tout-puissants,
De votre main de Mère
Bénissez vos enfants !

3

Ce saint Cœur, de la grâce
Canal mystérieux,
Comme un miroir, retrace
L'éclat brillant des cieux.
O Vierge tutélaire,
Aux décors ravissants,
De vos flots de lumière
Inondez vos enfants !

4

Dans notre exil sans charmes,
Vite passent les fleurs ;
Nos yeux mouillent de larmes
Le pain de nos douleurs...
O Vierge tutélaire,
Aux yeux compatissants,
Sur votre Cœur de Mère
Consolez vos enfants !

5

Dans sa rage implacable,
L'enfer est sur nos pas ;
La lutte redoutable
Ne finit qu'au trépas.

O Vierge tutélaire,
Aux regards vigilants,
De votre bras de Mère
Défendez vos enfants !

6

L'ennemi de nos âmes,
Qui jamais ne s'endort,
Dans ses piéges infàmes
Nous prépare la mort.
O Vierge tutélaire,
Aux regards vigilants,
De sa main meurtrière
Préservez vos enfants !

7

Sur le sentier rapide,
En ces déserts brûlants,
Notre bouche est aride
Et nos pieds chancelants.
O Vierge tutélaire,
Aux soins compatissants,
De votre bras de Mère
Soutenez vos enfants !

8

D'autres périls encore
Environnent nos cœurs :
Le monde, où s'évapore
Le pur encens des fleurs...
O Vierge tutélaire,
Aux regards vigilants,
Dans votre sanctuaire
Abritez vos enfants !

9

Le plaisir nous attire ;
La gloire nous séduit ;
Des fêtes en délire
Le rêve nous poursuit.
O Vierge tutélaire,
Aux regards vigilants,
De toute erreur amère
Préservez vos enfants !

10

Sur la pierre qui blesse
S'ils venaient à tomber,
Hélas ! dans leur faiblesse,
Ils pourraient succomber...

O Vierge tutélaire,
Aux regards vigilants,
De votre main de Mère
Relevez vos enfants !

11

Du voyageur qui prie
Ecartez tout péril;
Montrez-lui la patrie,
Après les jours d'exil.
O Vierge tutélaire,
Dans les cieux, triomphants.
Après l'épreuve amère,
Conduisez vos enfants !

N.º 9

OH! C'EST TOI!

———

1

A tes pieds, Vierge, encore
Je reviens, je t'implore;
En ton cœur, oui, j'ai foi !
Dans l'exil de la terre,
Mon secours, ma lumière,
Mon espoir, oh ! c'est toi !

CHŒUR.

A tes pieds, Vierge, encore, etc.

2

Le malheur, l'innocence,
Le pouvoir, l'impuissance
T'invoquent avec foi:
O Vierge tutélaire,
Qui donc sur cette terre
Peut voyager sans toi?

3

Par toi, de toute grâce
Le secours efficace
Descend; ô douce loi !
Et de la terre entière
Les soupirs, la prière
Au ciel montent par toi !

4

Ta consolante image
Rassure dans l'orage
Le nocher plein d'effroi ;
Sur la mer en furie,
Sa boussole, ô Marie,
Son étoile, oh ! c'est toi !

5

Sur mon sentier plein d'ombre,
Mes ennemis sans nombre
Se liguent contre moi :
Qui donc contre leur rage
Me donnera courage ?
Bonne Mère, oh ! c'est toi !

6

Près du Dieu de clémence,
Reine au pouvoir immense,
Intercède pour moi !
Pour calmer sa colère,
Il ne faut, ô ma Mère,
Qu'un sourire de toi !

7

Sur le sentier d'alarmes,
Vierge pleine de charmes,
Veille toujours sur moi !
Après la vie amère,
Appelle au ciel, ma Mère,
Ton enfant près de toi !

N.º 10

BÉNIS TES ENFANTS DE LA FRANCE !

CHŒUR.

Entends nos vœux pleins d'espérance.
O Vierge, reine de nos cœurs !
De tes regards toujours vainqueurs
Bénis encor tes enfants de la France !

1

Dans le hameau, dans la cité,
Partout resplendit ton image.
Vois : la France te rend hommage
Et se confie à ta bonté.

2

Chaque année, au plus beau des mois,
Tu reçois les dons de la France,
Et ses doux chants, concert immense,
Vers ton Cœur montent à la fois.

3

Chaque année encor, de tes jours
Le cercle béni recommence;
L'amour les compte, les devance,
Et la foi t'implore toujours.

4

Chaque jour, ton Nom bien-aimé
Revient sur la lèvre qui prie;
Chaque jour, à l'âme attendrie
Il va, de parfums embaumé.

5

De tes vieux temples chaque jour
La foule inonde les portiques;
La prière et les saints cantiques
S'y font entendre tour à tour.

6

Partout la foi, pleine d'ardeur,
T'élève d'autres sanctuaires;
De tes monuments séculaires
N'égalent-ils pas la splendeur?

3*

7

Sous ton étendard glorieux
S'abrite ta milice sainte;
Vierge, ton Nom, ta chère empreinte
Protégent tes enfants pieux.

8

En Orient, sur ses vaisseaux,
La France plaça ton image,
Signe d'amour, céleste gage
Du triomphe de ses drapeaux.

9

O Vierge si chère à nos cœurs,
N'es-tu pas Reine de la France?
N'es-tu pas la douce espérance
Et le refuge des pécheurs?

N.º 11

VOILA VOTRE MÈRE!

1

Oh! du Cœur de Jésus, gage d'amour suprême!
Il était sur sa croix et sa Mère était là!...
C'était peu pour son Cœur de se faire anathème;
Il fallait que sa Mère avec lui s'immolât!

CHŒUR.

O Mère de Jésus, montre-toi notre Mère!
A nos cœurs, ici-bas, combien ce titre est doux!
De tes enfants d'exil vois la souffrance amère,
Et près de Dieu, là-haut, intercède pour nous!

2

Femme, voilà ton fils, et toi, voilà ta Mère!
Toi que seul entre tous j'aperçois près de moi...
Apôtre bien-aimé, comprends ce doux mystère!
Pour le manifester, Jésus compte sur toi.

3

Et Marie, immobile au pied de la croix sainte,
Accepte de Jésus le testament divin;
Et soumise en son cœur, sans murmure, sans plainte,
Elle est bien notre Mère et ne l'est pas en vain !

4

Mais de son âme, ô Dieu! qui dira le martyre?
Nous ses fils! nous, bourreaux de son Jésus mourant!
A ce glaive nouveau, tout son Cœur se déchire....
La douleur la submerge, ainsi qu'un noir torrent.

5

O fruits délicieux de sa douleur amère !
Nos vœux sont dépassés ; nos cœurs sont triomphants !
Dieu nous donne son Fils; le Fils donne sa Mère...
Marie ouvre ses bras à ses nouveaux enfants !

6

De son cœur, à son tour, oubliant la tristesse,
L'apôtre a tressailli de bonheur et d'amour.....
De Marie il sera l'enfant plein de tendresse;
Il gardera sa Mère en son humble séjour.

7

Ainsi, du Dieu Sauveur l'œuvre auguste s'achève :
Jésus n'a pas voulu nous laisser orphelins :
Il est l'Adam nouveau ; Marie est nouvelle Ève ;
De la clémence enfin tous les canaux sont pleins.

N.º 12

ABRITE NOS CŒURS !

1

La terre est un séjour d'alarmes :
Qui n'a besoin d'un abri sûr ?
Le soldat qui porte les armes
Se met à l'abri sous un mur :
MARIE, oh ! sois notre défense,
Et par toi nous serons vainqueurs ;
Mère d'amour et d'espérance,
Dans ton Cœur abrite nos cœurs !

CHŒUR.

MARIE ; oh ! sois notre défense,
Et par toi nous serons vainqueurs ;
Mère d'amour et d'espérance,
Dans ton Cœur abrite nos cœurs !

2

La fleur, au souffle de l'orage,
Perd son parfum et sa fraîcheur ;
L'antique serpent, dans sa rage,
Des âmes ternit la blancheur :

O Vierge , sois notre défense ,
Et toujours nous serons vainqueurs ;
Mère d'amour et d'espérance ,
Dans ton Cœur abrite nos cœurs !

3

La frêle tige qui s'incline
Réclame un appui protecteur ;
Dans son deuil , la jeune orpheline
Appelle en pleurant son tuteur :
O Vierge , sois notre défense ,
Et par toi nous serons vainqueurs ;
Mère d'amour et d'espérance ,
Dans ton Cœur abrite nos cœurs !

4

Pour sa demeure , la colombe
Recherche le creux du rocher ;
Contre l'ouragan et la trombe
Le port abrite le nocher :
MARIE , oh ! sois notre défense ,
Et par toi nous serons vainqueurs ;
Mère d'amour et d'espérance ,
Dans ton Cœur abrite nos cœurs !

5

De la cité, la citadelle
Protége les nombreux essaims;
L'oiseau sous l'aile maternelle
Abrite ses jeunes poussins :
MARIE, oh! sois notre défense,
Et toujours nous serons vainqueurs;
Mère d'amour et d'espérance,
Dans ton Cœur abrite nos cœurs!

6

Partout le péril nous assiége;
Malheur à qui ne veille pas!
Devant mes pieds tout cache un piége;
J'y puis tomber à chaque pas...
O Vierge, sois notre défense,
Et par toi nous serons vainqueurs;
Mère d'amour et d'espérance,
Dans ton Cœur abrite nos cœurs!

N.º 13

PRIEZ POUR NOUS, SAINTE MARIE !

Invocations extraltes des Litanies.

CHŒUR.

Priez pour nous, Sainte MARIE !
Vous êtes notre espoir si doux !
Priez pour nous, Vierge chérie ;
Mère de Dieu, priez pour nous !

1

Oh ! Dieu ! quels ravissants mélanges
De bontés tendres, de grandeurs !
Vous êtes la Reine des anges
Et l'Avocate des pécheurs.

2

Vous êtes la Fille du Père,
La Mère de son Fils Jésus ;
De l'Esprit-Saint le Sanctuaire,
L'auguste Reine des élus.

3

Vous êtes l'Arche d'alliance ;
Vous unissez la terre aux cieux ;
Le signe heureux de l'espérance,
Notre Arc-en-ciel mystérieux.

4

Vous êtes la brillante Étoile
Qui devance l'éclat du jour ;
Astre de paix qui se dévoile
Comme un regard du Dieu d'amour.

5

Vous êtes la Consolatrice
Des cœurs qu'afflige le malheur ;
Le soutien dans le sacrifice,
Le doux baume à toute douleur.

6

Vous êtes le Lis du parterre,
La Rose au calice de miel ;
Vous êtes l'honneur de la terre,
Vous êtes la Porte du ciel.

7

Ouvrez-vous, Porte consolante,
Devant nos pas, au dernier jour !
Que par vous, selon notre attente,
Nous entrions au divin séjour !

N.° 14

PRÉPAREZ UNE PLACE...

PRIÈRE A MARIE
d'un enfant avant sa première communion.

CHŒUR.

Vierge pleine de grâce
Et Mère du Sauveur,
Préparez une place
A Jésus dans mon cœur !
Votre Cœur me retrace
Sa bonté sa douceur ;
Préparez une place
A Jésus dans mon cœur !

1

Votre Cœur, Sainte Mère,
Fut du Verbe fait chair
Le premier sanctuaire
A son doux Cœur si cher.
Ah ! bientôt dans mon âme
Il doit aussi venir ;
De ma tendre réclame
Daignez vous souvenir !

2

Votre Fils, sur la terre,
Bénissait de sa main
Tout enfant que sa mère
Mettait sur son chemin.
O Mère toute bonne,
A Jésus offrez-moi !
Qu'il bénisse et pardonne
Ma douleur et ma foi !

3

A sa table divine
Je vais bientôt m'asseoir ;
Ah ! mon front s'illumine
D'un doux rayon d'espoir !
Mais viendra-t-il sans crainte
Dans mon cœur s'enfermer ?
Et pourtant, Vierge Sainte,
Je voudrais bien l'aimer !

4

Votre Cœur, son beau temple,
Vierge, est tout parfumé
De ces fleurs que contemple
Le séraphin charmé.....

Et moi, dès mon enfance,
J'ai laissé se flétrir
Les beaux lis d'innocence...
Pourront-ils refleurir ?

5

Hélas ! que de souillures
Encore dans mon cœur !
De récentes blessures
De l'ennemi vainqueur !
Il faudrait, sans mélange,
Un palais pur et blanc
Pour le Dieu saint que l'ange
N'adore qu'en tremblant.....

6

Mais vous êtes ma Mère ;
Oh ! je suis votre enfant !
Plus de tristesse amère :
Mon cœur est triomphant !
C'est Jésus qui m'appelle ;
Vous serez près de moi...
Je veux être fidèle
A cet aimable Roi !

7

De toutes mes pensées
Vous avez le secret ;
De mes fautes passées
Donnez-moi le regret !
Dans mon âme appauvrie
Jetez quelques vertus.
Oh ! tout à vous MARIE !
Tout à vous, ô JÉSUS !

N.º 15

L'ABRI DU PÉCHEUR.

1

Je suis un enfant de colère ;
Du ciel j'ai transgressé la loi ;
Si Dieu pour moi fut un doux père,
Il n'est plus qu'un maître qu'un roi...

Non, non, pour moi plus d'espérance !
Mon sort est l'éternel malheur...
En vain je ferais pénitence ;
Plus de pardon pour le pécheur !

MARIE est Reine de clémence :
Si nous gémissons de douleur ;
Oh ! nous garderons l'espérance ;
Son Cœur est l'abri du pécheur !

2

Je fus sourd à la voix si tendre
Qui me disait : Reviens à moi !
Et maintenant que puis-je attendre ?
Comment ne pas trembler d'effroi ?
    Non, non, etc.

MARIE est Mère de clémence :
Si tu gémis dans la douleur,
Pauvre âme, garde l'espérance ;
MARIE est l'abri du pécheur !

3

Mon ingratitude est étrange :
Dieu m'avait comblé de faveurs ;
J'ai laissé le bonheur de l'ange,
Pour le délire des pécheurs.....
    Non, non, etc.
MARIE est Mère de clémence :
Si tu gémis dans la douleur,
Pauvre âme, garde l'espérance ;
MARIE est l'abri du pécheur !

4

Je l'ai cloué sur le Calvaire,
Jésus, mon divin Rédempteur ;
Je l'ai blessé dans la lumière,
Je suis le bourreau de son Cœur...
    Non, non, etc.
MARIE est Mère de clémence :
O souvenir consolateur !
Pauvre âme, garde l'espérance ;
MARIE est l'abri du pécheur !

5

La main du Très-Haut tient la foudre ;
Il est toujours le Dieu vengeur ;
Il va briser et mettre en poudre
L'insolent prévaricateur.....
    Non , non , etc.
MARIE est Reine de clémence,
Pour désarmer le bras vengeur :
Pauvre âme, garde l'espérance ;
MARIE est l'abri du pécheur !

6

Ma place au Ciel est effacée ;
Je vais tomber dans les enfers...
Ah ! mon âme, au mal enlacée,
Jamais ne brisera ses fers....
    Non , non , etc.
MARIE est Mère de clémence ;
La force nous vient de son Cœur :
Pauvre âme, garde l'espérance ;
MARIE est l'abri du pécheur !

N.º 16
O MÈRE, VEILLE!

CHOEUR.

A nos accents prête l'oreille;
Que nos vœux montent jusqu'à toi!
Sur tes enfants, ô Mère, veille;
A ton doux Cœur nous avons foi.

1

Douce espérance
De la souffrance,
Ton Cœur est ému de nos pleurs,
Et de la terre,
Céleste Mère,
Tu changes les buissons en fleurs.

2

A l'innocence
Que ta puissance
Garde ses parfums et sa fleur!
Des vapeurs sombres,
Des noires ombres
Ecarte le triste malheur!

3

A son aurore,
La vierge implore
Ton Cœur, asile maternel ;
Et de l'orage
Brave la rage,
Sans crainte, au pied de ton autel.

4

Ah ! quand l'épreuve
Vient de la veuve,
Visiter le seuil attristé,
Sainte Patronne,
De sa couronne
Aux cieux montre-lui la beauté !

5

Sois ma lumière
Dans la carrière
Où je chemine en gémissant ;
Que d'un pied ferme
J'arrive au terme,
Sur l'appui de ton bras puissant !

6

Viens sur ma route,
Quand je redoute
Les piéges sur mes pas tendus;
Par toi, MARIE,
Qu'en leur furie
Mes ennemis soient confondus!

7

Vierge si bonne,
Mon cœur te donne
Tous ses regrets, tous ses désirs,
Ses espérances,
Ses défaillances
Et ses douleurs et ses plaisirs!

8

Loin des abimes,
Pleins de victimes,
En cet exil, conduis mes pas!
De la patrie.
Porte chérie,
Devant moi ne te ferme pas!

4*

N.º 17

ENTENDS LA PRIÈRE...

CHŒUR.

Vierge, entends la prière
Qui monte de nos cœurs ;
Du Dieu juste et sévère
Ecarte les rigueurs !

1

Aux crimes de ce monde,
Qui ne tremble d'effroi ?
La terre est bien immonde,
Mais elle espère en toi !
    Vierge, entends, etc.

2

Tu le vois, Vierge tendre :
On te prie en tous lieux,
Sans se lasser d'attendre
Ton secours précieux.
    Vierge, entends, etc.

3

Partout, dans la patrie,
S'élève avec honneur
Ton image chérie,
Signe consolateur.
    Vierge, entends, etc.

4

Les cités, les campagnes
Te placent tour à tour
Sur le roc des montagnes,
Au sommet de la tour.
    Vierge, entends, etc.

5

Tu brilles comme un phare
Aux yeux des matelots,
Et l'esquif qui s'égare
Te cherche au bout des flots...
    Vierge, entends, etc.

6

Douce et chère espérance
Du juste et du pécheur,
Baume de la souffrance,
Refuge du malheur,
    Vierge, entends, etc.

7

Notre Sœur, notre Reine,
Au céleste séjour ;
Mère, dont l'âme est pleine
De clémence et d'amour,
Vierge, entends, etc.

N.º 18

JAMAIS TROP TARD!

1

De mes iniquités sans nombre
La coupe déborde à pleins bords ;
Il est trop tard ! dans mon cœur sombre
En vain réclame le remords.....

Malheur à jamais déplorable !
Cruel et long déchirement !
Voilà le sort d'un cœur coupable...
Qui mettra fin à mon tourment ?

Mon fils, il te reste une Mère :
Elle ramène d'un regard ;
Quand on lui jette une prière,
Non, non, il n'est jamais trop tard !

2

J'ai déserté la maison sainte,
Où j'avais puisé le bonheur ;
Mes forfaits ont flétri l'empreinte
Que le Dieu bon mit sur mon cœur...

Malheur à jamais lamentable !
Cruel et long déchirement !
Voilà le sort d'un cœur coupable...
Qui mettra fin à mon tourment ?

Mon fils, il te reste une Mère :
Elle ramène d'un regard ;
Quand on lui jette une prière,
Non, non, il n'est jamais trop tard !

3

D'un Père généreux et tendre
J'ai méconnu la douce voix ;
Dans son Cœur, lassé de m'attendre,
La justice reprend ses droits.
   Malheur, etc.

Mon fils, il te reste une Mère :
La clémence est dans son regard ;
Quand on lui jette une prière,
Non, non, il n'est jamais trop tard !

4

J'aurais dû suivre mon bon ange
Dans le sentier qui mène aux cieux ;
Mon pied s'est souillé dans la fange
Du sentier large et ténébreux.
   Malheur, etc.

Mon fils, il te reste une Mère :
Le ciel est dans son doux regard...
Quand on lui jette une prière,
Non, non, il n'est jamais trop tard !

5

J'entends une voix qui me crie :
Pécheur malheureux, qu'as-tu fait?
L'enfer est l'affreuse patrie
Que Dieu réserve à ton forfait...
  Malheur, etc.

Mon fils, il te reste une Mère :
Ose espérer dans son regard ;
Quand on lui jette une prière,
Non, non, il n'est jamais trop tard !

6

L'orage gronde sur ma tête ;
Le sol s'agite sous mes pas ;
Pour me frapper, la foudre est prête ;
Ah ! comment ne tremblais-je pas ?
  Malheur, etc.

Mon fils, il te reste une Mère :
Le calme est dans son doux regard ;
Quand on lui jette une prière,
Non, non, il n'est jamais trop tard !

7

Mon voyage n'est plus qu'un rêve ;
Mon vaisseau touche à l'autre bord...
Hélas ! quand ma course s'achève,
Je vois l'abime et non le port...
    Malheur, etc.

Mon fils, il te reste une Mère :
Elle mène au port d'un regard ;
Quand on lui jette une prière,
Non, non, il n'est jamais trop tard !

N.º 19

DAIGNE TE SOUVENIR !

CHŒUR.

Vierge pleine de charmes
Qui nous aimes des cieux,
Sur cet exil d'alarmes
Oh ! jette encor les yeux !
O Mère secourable,
Qui ne sais que bénir,
De la terre coupable
Daigne te souvenir !

1

Ton doux Cœur nous devance ;
Il entend nos soupirs,
Et tu connais d'avance
Nos besoins, nos désirs.

2

A ton pouvoir tout cède :
Pour toi, point de refus,
Quand ton Cœur intercède
Auprès du doux Jésus.

3

Ton regard, ton sourire
Désarme le Seigneur,
Et la terre respire
En regardant ton Cœur.

4

Sur toute créature,
En flots mystérieux,
La grâce sans mesure
Par toi descend des cieux.

5

Tu connais bien l'histoire
Du genre humain pécheur :
Sa chute a fait ta gloire ;
Ses taches, ta splendeur.

6

De la miséricorde
N'es-tu pas le canal ?
Toute faveur s'accorde
A ton Cœur virginal.

7

Chère Médiatrice,
Qui nous ouvres les bras,
Toujours bonne et propice
Aux larmes d'ici-bas,
   Vierge, etc.

N.º 20

MÈRE DE LA GRACE DIVINE.

CHOEUR.

Vous devant qui tout front s'incline,
Dont la main verse les faveurs,
Mère de la grâce divine,
Epanchez ses eaux dans nos cœurs !

1

Notre âme est un jardin d'espérance immortelle
Qui pour le divin Roi doit se parer de fleurs;
Préparez-y, MARIE, une moisson nouvelle
Et de vos fleurs d'amour semez-y les couleurs.

2

De Jésus ce jardin est la noble conquête;
C'est l'œuvre de son Cœur, c'est le prix de son sang.
Pour ce Maître divin que votre amour lui prête
De vos célestes fleurs le décor ravissant.

3

Sous vos regards, le lis s'empressera d'éclore,
Et la simple pervenche, et l'iris étoilé,
Et les boutons que l'or avec éclat décore,
Et l'humble violette, au front toujours voilé.

4

O Vierge, vous aimez et les lis et les roses,
Vous la Reine des fleurs de la terre et des cieux;
Et des fleurs de Jésus, dans votre Cœur écloses,
Nous respirons toujours les parfums précieux.

5

Sur ce jardin, toujours en péril sur la terre,
Que votre œil maternel reste toujours ouvert !
Et daignez éloigner, ô Vierge tutélaire,
Les ardeurs de l'été, les glaçons de l'hiver.

6

De ce jardin vivant écartez la tempête,
Ecartez des autans le souffle redouté;
Si l'antique serpent ose y montrer la tête,
Qu'à votre aspect, soudain, il fuie épouvanté !

7

Vierge, veillez toujours! Une main étrangère
Pourrait à votre Fils ravir les blanches fleurs.
Vous, de tous ses trésors céleste ménagère,
Epargnez à Jésus de nouvelles douleurs!

8

Et puis dans ce jardin venez avec vos anges
Respirer du printemps les suaves odeurs;
Et pour qu'à tous les yeux il dise vos louanges,
Vierge, qu'il soit rempli de vos douces splendeurs!

N.º 21

METS DU BAUME SUR NOS DOULEURS !

———

1

A travers l'exil plein d'alarmes,
Voyageurs d'un jour, nous passons;
Sur le sentier rude et sans charmes,
Infortunés, nous gémissons.
Vers toi, de la terre étrangère,
Montent nos yeux mouillés de pleurs...
MARIE, ô consolante Mère,
Mets du baume sur nos douleurs !

CHŒUR.

MARIE, ô consolante Mère,
Mets du baume sur nos douleurs !

2

Le pauvre en sa chaumière pleure;
Le mendiant cherche son pain :
La croix du Sauveur, à toute heure,
Du ciel sur tous tombe soudain.....

Et toute fleur est éphémère,
Et tous les yeux cachent des pleurs...
MARIE, ô consolante Mère,
Mets du baume sur nos douleurs !

3

Hélas ! aux maux de la nature
Le cœur ajoute ses tourments;
Ah ! d'une secrète blessure
Qui ne sait les déchirements !...
Toujours le plaisir éphémère
Cache l'épine sous les fleurs...
MARIE, ô consolante Mère,
Mets du baume sur nos douleurs !

4

Sur le sentier de la Patrie,
Souvent nos pas se sont lassés,
Pour suivre la route fleurie
Où d'autres pieds se sont blessés.
Comme eux, aveugle et téméraire,
J'ai trouvé l'aspic sous les fleurs...
MARIE, ô consolante Mère,
Mets du baume sur nos douleurs !

5

Quand l'ennui, comme un voile sombre,
Couvrira mon front rembruni ;
Quand la tristesse, de son ombre,
Voilera mon regard terni,
O Vierge, entends ma plainte amère,
Toi dont la main sèche les pleurs...
MARIE, ô consolante Mère,
Mets du baume sur nos douleurs !

6

Devant moi, si de l'espérance
Pâlissait le divin flambeau ;
Si mes yeux d'un nuage immense
Voyaient voilé le ciel si beau,
O Vierge, écoute ma prière !
Chasse au loin ces sombres couleurs...
MARIE, ô consolante Mère,
Mets du baume sur nos douleurs !

7

Lorsque, tombant des hautes cimes,
L'orage soudain grondera ;
Quand sur le bord de noirs abimes
Mon pied lassé chancellera,

O Vierge, écoute ma prière,
De la mort chasse les terreurs...
MARIE, ô consolante Mère !
Mets du baume sur nos douleurs !

8

Lorsque, au terme de la carrière,
Tu verras mon cœur défaillir,
Alors qu'au sentier solitaire
L'ennemi viendra m'assaillir,
O Vierge, écoute ma prière !
Tout cède à tes regards vainqueurs...
MARIE, ô consolante Mère,
Mets du baume sur nos douleurs !

9

Et quand, par ton bras tutélaire,
Mes ennemis seront vaincus ;
Quand du triste exil de la terre
Tous les combats ne seront plus,
O Mère, daigne m'introduire
Au ciel, où brillent tes splendeurs,
Où ton Fils, d'un divin sourire,
Change en délices nos douleurs !

N.º 22

A TOI TOUJOURS !

1

Voici nos cœurs ! la foi les donne ;
Garde-les bien, Mère d'amour !
Plus que les fleurs de ta couronne,
Ils t'appartiennent sans retour.
Oh ! prends pitié de leur faiblesse ;
A leurs besoins prête secours !
Et dans ton Cœur plein de tendresse
Garde nos cœurs, Vierge, toujours !

CHŒUR.

A toi qui jamais ne délaisse,
A toi MARIE, à toi toujours !

2

Voici nos cœurs : pleins de souillures,
Oh ! qu'ils diffèrent de ton Cœur !
De ton Cœur, roi des âmes pures,
Et de Satan toujours vainqueur !
  Oh ! prends pitié, etc.

3.

Voici nos cœurs : dans l'indigence,
Ils n'ont ici-bas pour tout bien
Que la prière et l'espérance,
Et ta tendresse pour soutien...
    Oh ! prends pitié, etc.

4

Voici nos cœurs : aux biens du monde
Par trop de liens attachés,
Ils retiennent la trace immonde
Du limon qui les a touchés.
    Oh ! prends pitié, etc.

5

Voici nos cœurs : tristes, sans charmes,
Ils gémissent dans la douleur ;
Vides de joie et pleins de larmes,
Ils cherchent un consolateur.....
    Oh ! prends pitié, etc.

6

Voici nos cœurs, pleins d'inconstance,
Ardents un jour, glacés souvent,
Comme la fleur sans consistance
Qui tourne au caprice du vent....
    Oh ! prends pitié, etc.

7

Voici nos cœurs : près de la tombe,
Ils penchent vers la terre encor;
Mets-leur des ailes de colombe,
Pour voler vers leur doux trésor....
Oh ! prends pitié, etc.

N.º 23.

PRENDS NOS CŒURS!

CHŒUR.

Prends nos cœurs! les voilà! MARIE, ô notre Mère!
Dans ton Cœur maternel garde-les sans retour!
Sois pour nous le soutien, le rempart tutélaire
Et la porte du ciel, à leur suprême jour!

1

Que j'aime de ton front la couronne immortelle,
Ton sourire si doux, ton regard maternel!
O Vierge, à ton amour je veux être fidèle,
Et je viens déposer mon cœur sur ton autel.

2

Tu sais mon inconstance; hâte-toi de le prendre!
Peut-être que ce soir il ne sera plus mien.....
Il me faudra pleurer pour me le faire rendre;
Ah! pour me le garder, cache-le dans le tien!

3

Et puis, si quelquefois je te le redemande,
Oh ! ne me le rends plus ! mais dis-moi dès ce jour,
Dis-moi que ta main veut retenir mon offrande,
Que mon cœur est donné, qu'il est tien sans retour.

4

Rends-moi pur à tes yeux ; donne-moi l'innocence,
Un bon cœur pour t'aimer et ton sein pour dormir...
La foi, la charité, la sublime espérance ;
Tes vertus ici-bas, un beau jour pour mourir !

5

Quand mes yeux obscurcis baisseront vers la tombe,
Quand ma lèvre aura bu le calice de fiel,
Donne-moi, pour voler, des ailes de colombe,
Et viens me recevoir à la porte du ciel !

N.º 24

ASSISTEZ-NOUS !

1

Malheur à qui, sur cette terre,
Est seul! Aux pentes du chemin,
Dans son voyage solitaire,
S'il tombe, à qui donner la main?
Sur le chemin de la Patrie,
Si j'étais seul, oh! quel effroi!...
Oh! venez près de moi, MARIE;
Mère d'amour, assistez-moi !

CHOEUR.

Sur le chemin de la Patrie,
Nous ne pouvons marcher sans vous :
Oh! venez près de nous, MARIE;
Mère d'amour, assistez-nous !

2

Si dans la fange de l'ornière
Tombait le pauvre voyageur,
Il irait dans une onde claire
Réparer ce triste malheur.

Quand dans les eaux de pénitence
Je vais me plonger avec foi,
Donnez-moi vive repentance;
Mère d'amour, assistez-moi !

CHŒUR.

Au tribunal de pénitence
Quand nous serons à deux genoux,
Donnez-nous vive repentance;
Mère d'amour, assistez-nous !

3

Devant lui, souvent sur la route
Le voyageur voit l'ennemi;
Contre le danger qu'il redoute,
Aura-t-il le bras d'un ami ?
Ah ! comme lui dans la carrière,
Des combats je subis la loi :
Ecoutez mon humble prière;
Mère d'amour, assistez-moi !

CHŒUR.

Hélas ! partout dans la carrière
Nous rencontrons l'enfer jaloux :
Ecoutez notre humble prière;
Mère d'amour, assistez-nous !

4

Pour retrouver force et courage,
Le voyageur, aimé des cieux,
Va, près de l'onde et sous l'ombrage,
Manger un pain délicieux.....
Au banquet de l'âme ravie,
Quand j'irai m'asseoir avec foi,
Oh ! venez, soutien de ma vie ;
Mère d'amour, assistez-moi !

CHOEUR.

Au banquet de l'âme ravie,
Quand nous irons au Dieu si doux,
Oh ! venez, soutien de la vie ;
Mère d'amour, assistez-nous !

5

En franchissant l'aride plage,
Le voyageur voit tour à tour
Sur sa tête tomber l'orage,
Ou les feux de l'astre du jour.
Hélas ! devant l'épreuve amère,
J'ai, comme lui, tremblé d'effroi...
Oh ! venez, Vierge, à ma prière ;
Mère d'amour, assistez-moi !

CHŒUR.

Vierge, quand de l'épreuve amère
Il nous faudra subir les coups,
Ecoutez notre humble prière;
Mère d'amour, assistez-nous!

6

Mais le voyage aura son terme;
Malgré les fatigues du jour,
Le voyageur va d'un pied ferme,
Aidé par l'espoir du retour.
De mon lointain pélerinage
Je verrai la fin sans effroi :
O vous qui donnez le courage,
Mère d'amour, assistez-moi!

CHŒUR.

De notre dur pélerinage
Le terme enfin nous sera doux;
O vous qui donnez le courage,
Mère d'amour, assistez-nous!

N.º 25

RÉPONDS A NOS CŒURS!

1

Vierge , de la terre
L'amour et l'espoir,
Dans ton sanctuaire
Qu'on est bien le soir !
Ici tout respire
La paix , le bonheur ;
C'est le doux empire
Où règne ton Cœur.

CHOEUR.

O sainte Patronne ,
Nous avons recours
A ton Cœur qui donne
Lumière et secours.
Entends la prière
Des pauvres pécheurs ;
Que ton Cœur de Mère
Réponde à nos cœurs !

2

Devant toi s'exhalent
Les parfums des fleurs,
A nos yeux s'étalent
Leurs vives couleurs.
Vers toi la prière,
Comme un pur encens,
Monte avec mystère
Des cœurs innocents.

3

Oh! qu'il a de charmes
Ton autel, le soir!
A travers nos larmes,
Nous pouvons te voir...
Ta blanche couronne
Rayonne à nos yeux;
L'amour t'environne
De concerts pieux.

4

Des rayons de grâce
Tombent de tes mains;
Secours efficace
Aux pauvres humains.

Oh ! qu'heureuse est l'âme
Qui reçoit des cieux
Doux rayons de flamme
Et dons précieux !

5

Dans ton sanctuaire
Quels puissants attraits !
En ton Cœur de Mère
Que de doux secrets !
Il charme, il attire,
Il change les cœurs;
L'enfer se retire
Sous tes traits vainqueurs.

6

La terre t'implore ;
Vois à tes genoux
Tes enfants encore...
Vierge, exauce-nous !
Tu connais d'avance
Nos vœux, nos soupirs,
Et ton Cœur devance
Nos secrets désirs.

7

A l'aimable enfance
Garde sa candeur !
Aux lis d'innocence,
Toute leur blancheur !
Ecarte du monde
Les souffles mortels ;
Le secours abonde
Près de tes autels.

8

O chère espérance
Des cœurs sur la croix,
De toute souffrance
Allége le poids !
Sous tes yeux de Mère,
Tarissent les pleurs,
Et la lie amère
Se change en douceurs.

N.º 26.

LA BERGÈRE DU BON PASTEUR.

1

Ecoutez, Vierge tutélaire,
La prière de notre cœur :
Vous êtes la douce Bergère
Des troupeaux du divin Pasteur.
Et votre main tient la houlette,
Et vous aimez les blanches fleurs ;
Et l'écho des monts nous répète
Vos doux accents chers à nos cœurs.

CHŒUR.

Et l'écho des monts nous répète
Vos doux accents chers à nos cœurs.

2

Pour remplir ce doux ministère,
Vierge, que ne faites-vous pas !
Le versant du mont solitaire
Garde l'empreinte de vos pas.

N'êtes-vous point dans les alarmes,
Comme au Calvaire des douleurs ?
N'a-t-on pas vu tomber vos larmes
Sur le gazon semé de fleurs ?

N. B. On répète en chœur les deux derniers
vers de chaque strophe.

3

Dans le désert aride, où prendre,
Pauvre brebis, pour te nourrir ?
Sans clair ruisseau, sans herbe tendre,
Ne te faudra-t-il pas mourir ?
Vierge toujours compatissante,
Vous, son espoir consolateur,
Montrez à sa faim languissante
Le pain vivant du bon Pasteur !

4

Alors que vous marchez en tête,
Le troupeau doit suivre vos pas ;
Mais, lorsque rien ne vous arrête,
Telle brebis ne vous suit pas.....
O Vierge toujours vigilante,
De votre voix, de votre Cœur,
Animez la brebis trop lente
Dans les sentiers du bon Pasteur !

6

5

Malheur à celle qui s'égare
Aux détours du large chemin !
Que de douleurs elle prépare
A ses heures du lendemain !
O Vierge si compatissante,
Vous, son espoir consolateur,
Ramenez la brebis errante
Dans le bercail du bon Pasteur !

6

Autour du bercail tutélaire
Circulent les loups dévorants ;
Hélas ! sous leur dent sanguinaire
Les agneaux tomberaient mourants...
O Vierge puissante et chérie,
De votre bras triomphateur,
Ecartez les loups en furie
Du cher troupeau du bon Pasteur !

7

Heureuse la brebis docile
A votre maternelle voix !
Vous saurez lui rendre facile
Même le sentier de la croix....

Vous, sa gardienne, son modèle,
Vous son guide consolateur,
Conduisez la brebis fidèle
Sur le doux Cœur du bon Pasteur !

8

A la fin de sa courte vie,
Au seuil redouté de la mort,
Vous qu'elle aura toujours suivie,
Vierge, prenez soin de son sort !
A ses douleurs compatissante,
De votre bras triomphateur,
Ouvrez à la brebis mourante
Le beau séjour du bon Pasteur !

N.º 27

CÉLESTE PATRONNE.

CHOEUR.

MARIE, ô céleste Patronne,
Sur tes enfants jette les yeux !
Des fleurs de ta belle couronne
Nous aimons l'éclat gracieux.
Nous marcherons sous ta bannière,
A toi nous serons sans retour !
Et toi, notre espoir, notre Mère,
Au ciel appelle-nous un jour !

1

Sur le Cœur de Jésus, au séjour de la gloire,
Ta prière est puissante et ton regard vainqueur;
Ton bras sur les enfers eut toujours la victoire,
Et nous, sur cette terre, oh ! nous gardons mémoire
Des bienfaits de ton Cœur !

2

Oh! que ton Nom est doux! oh! qu'il est plein de charmes!
C'est le baume divin versé sur nos douleurs.....
Aux heures du combat, il nous donne des armes,
Et de nos yeux toujours il adoucit les larmes,
    Aux jours de nos malheurs.

3

Hélas! l'iniquité, comme un torrent immonde,
Promène encor partout ses flots dévastateurs;
Et pourtant ton étoile a brillé sur le monde,
Et ton Cœur est toujours l'espérance profonde
    Du Pasteur des pasteurs!

4

De ce torrent du mal débordé sur la terre,
O Vierge, arrête enfin le cours pernicieux!
Qu'à la Foi la raison ne fasse plus la guerre;
Que la nuit de l'erreur s'enfuie à la lumière
    Du doux Soleil des cieux!

5

Oh! combien nous avons besoin de toi, MARIE!
Sur la route du bien, nos pieds sont chancelants.
Rends la force et la grâce à notre âme appauvrie,
Et sur l'étroit sentier qui mène à la Patrie
    Presse nos pas trop lents!

6

Vierge, de tous nos cœurs écarte la souillure !
Que tes lis dans nos mains reprennent leur blancheur...
Tu sais, quand tu le veux, fermer toute blessure,
Et toute fleur fanée, en ta main sainte et pure,
   Retrouve sa fraîcheur !

7

Ton Cœur du bon Jésus est le miroir fidèle :
Il est humble, il est pur, il est brûlant d'amour.
Ah ! lorsque sa splendeur à mes yeux se révèle,
Puissé-je retracer de ce divin modèle
   Quelques traits à mon tour !

8

De tes enfants, MARIE, accueille l'humble hommage !
Ils te donnent leurs chants ; donne-leur tes vertus !
Ce sera de ton Cœur le plus bel héritage,
Et pour nous, dans l'exil, le plus précieux gage
   Du bonheur des élus !

N. B. Ce cantique convient spécialement au jour de
l'Ascension et de l'Assomption.

N.° 28

A VOTRE AUTEL.

1

A votre autel, Sainte Vierge MARIE,
Nous apportons le tribut de nos cœurs :
N'êtes-vous pas notre Mère chérie,
Le doux espoir de l'âme qui vous prie,
Au séjour des douleurs ?

CHŒUR.

A votre autel, Mère chérie,
S'unissent nos cœurs et nos chants;
Auprès de vous, dans la Patrie,
Réunissez tous vos enfants !

2

A votre autel, ô Mère bénissante,
Tous vos enfants se donnent rendez-vous.
Auprès de vous, leur joie est renaissante :
De vos regards, Vierge compatissante,
Oh! le charme est si doux !

3

A votre autel, ô Vierge bien-aimée,
De vos beaux lis nous respirons l'encens ;
Rayonnement de votre âme embaumée,
Attraits d'amour sur notre âme charmée
    Tant de fois renaissants !

4

A votre autel, Vierge au divin sourire,
Nous oublions le monde et ses plaisirs.
Le bruit lointain de ses fêtes expire,
Et dans nos cœurs, que votre Cœur attire,
    Montent les saints désirs....

5

A votre autel, sous votre main de Mère,
Des lourds fardeaux s'allége enfin le poids.
Nos yeux émus vous suivent au Calvaire,
Et vos douleurs, ineffable mystère,
    Nous font aimer la croix !

6

A votre autel, ô Vierge tutélaire,
Tout faible enfant trouve asile et secours.
Qui donc, aux jours de cette vie amère,
Pour obtenir la force et la lumière,
    Vierge, à vous n'a recours ?

7

A votre autel, où brille votre image,
Nous reviendrons implorer votre Cœur...
Vous entendrez notre simple langage,
Et votre amour nous sera le doux gage
Du céleste bonheur !

N.° 29

ENTENDS CES CHANTS !

———

1

Patronne,
Si bonne,
Entends
Ces chants,
Prière
Sincère
D'enfants
Aimants !

CHŒUR.

Prière
Sincère
De tes enfants !
Entends
Ces chants
De tes enfants !

2

La guerre,
Sur terre,
A cours
Toujours;
O bonne
Patronne,
Soutiens
Les tiens !

3

L'archange
Etrange
Nous suit
Sans bruit;
Sa trame
Infàme
S'ourdit
La nuit.

4

Le monde
Immonde
Flétrit
Et rit;

O Reine,
Enchaîne
Les cœurs,
Sans pleurs !

5

Sur d'autres
Des nôtres
Pillés,
Souillés,
Efface
La trace
Du mal
Fatal !

6

Des roses
Ecloses
Abri
Chéri,
Regarde
Et garde
Tout cœur
En fleur !

7

O Mère
Si chère,
Bénis
Tes fils !
Et donne
Couronne
Aux cieux
Joyeux !

7

N.º 30

LIS DES LIS !

A MA MÈRE BIEN-AIMÉE.

———

Paroles de S.ʳ M. A. C., Religieuse Trinitaire.

1

Aux bords du clair ruisseau, près du flot qui murmure,
Avez-vous vu parfois, rayonnant de beauté,
Un lis aux frais contours, à la blanche parure,
Et que nul souffle impur encor n'a visité ?
Oh ! plus belle et plus pure est ma Reine et ma Mère ;
Son Cœur incomparable offre plus de candeur...
Et tous les lis du ciel, tous les lis de la terre
Puisent dans son regard leur suave blancheur.

CHŒUR.

O Vierge, ô Reine immaculée,
Aimable Mère du Sauveur,
Beau Lis des lis de la vallée,
Mon espérance et mon bonheur !
Tu traversas nos flots de fange,
Sans te souiller, comme un rayon...
Oh ! donne-moi le cœur d'un ange,
Vierge des vierges de Sion !

2

Au loin, sur la montagne aux cimes menaçantes,
Avez-vous vu tomber, au retour des hivers,
Ces neiges, de nos monts couronnes blanchissantes,
Dont les flocons légers se pressent dans les airs ?
Plus blanche mille fois est l'âme de Marie ;
Sa divine splendeur ferait pâlir le jour ;
Rien n'égale ici-bas sa candeur non flétrie,
Et Dieu seul est plus pur au céleste séjour.

3

Oui, tu fus toute belle, et ton âme limpide,
Ma Reine, reflétait la sainteté de Dieu,
Comme le lac bien pur, qu'aucun souffle ne ride,
Reflète du printemps le ciel serein et bleu.
Vierge aimée, oh ! toujours ton Cœur fut sans souillure ;
L'Eglise de Jésus l'a dit à l'univers !
Oh ! pardon pour le cœur criminel et parjure
Qui par un doute encor réjouit les enfers !....

4

Mère du Dieu Sauveur, ma Reine Immaculée,
Beau Lis parmi les lis, bien pure garde-moi !
Du fond de mon désert, où je souffre exilée,
Mes yeux voilés de pleurs se sont tournés vers toi !
Laisse ma faible voix bien haut te le redire :
Oh ! j'ai soif de t'aimer, Mère, soif de te voir !...
Toi, de Dieu la merveille et du ciel le sourire ;
Toi, l'amour de mon cœur et mon plus doux espoir !

N.º 34

AVE, MARIA!

CHŒUR.

Ave, MARIA,
Gratiâ plena,
Dominus tecum.
Benedicta tu
In mulieribus,
Et benedictus
Fructus ventris tui,
Jesus.

ENSEMBLE.

Sancta MARIA,
Mater Dei,
Ora pro nobis
Peccatoribus,
Nunc et in horâ
Mortis nostræ.
Amen.

N.º 32

REGINA CŒLI !

CHOEUR.

Regina cœli, lætare,
Alleluia !

SOLO.

Quia quem meruisti portare
Resurrexit, sicut dixit,
Alleluia !

CHOEUR.

Ora pro nobis Deum,
Alleluia !

TABLE.

FIN.